NATHAN SHOMER

MARKETING DE DESEJO: COMO CONECTAR SUA MARCA NO CORAÇÃO DOS SEUS CLIENTES

MARKETING DE DESEJO: COMO CONECTAR SUA MARCA NO CORAÇÃO DOS SEUS CLIENTES

TÍTULO ORIGINAL

Marketing de desejo: como conectar a sua marca ao coração
dos seus clientes

Primeira publicação em
Itapajé, Ceará, Brasil.
2024

<u>1ª Edição</u>

S559m   Shomer, Nathan – 2005
                    Marketing de desejo / Nathan Shomer. –
1. Ed. – Itapajé, CE: Ed. do Autor, 2024.

                    ISBN: 978-65-01-01884-3

1. Marketing e Vendas 2. Educação
          I. Título II. Shomer, Nathan
                              CDD – 370

DEDICATÓRIA

Dedico esse livro à minha mãe, minha tia e minha avó. Consagro esta obra ao Senhor, este é um dos ensinamentos mais poderosos do livro que mais me ajudou a chegar onde cheguei: Provérbios.

"Consagre os seus planos ao Senhor, e eles serão bem sucedidos." – Provérbios 16:3

Sumário

Sobre o Autor

Caro leitor, me chamo Nathan Shomer, sou especialista em marketing de desejo e digital marketing, empresário, escritor e sou fundador e CEO da NeoRise Marketing, uma empresa que vem mudando a experiência dos clientes. Vamos juntos transformar a história da sua marca.

Introdução

Bem-vindo a essa experiência que desejo que seja muito mais que um livro na sua vida. Reuni alguns pontos práticos para você implementar no seu negócio para transformar sua marca em uma marca exclusiva e desejada. Se você já teve dúvida da diferença das marcas que conseguem vender produtos e serviços por um preço consideravelmente caros em relação aos seus concorrentes, mas sempre estão com boas vendas, e das marcas que vivem fazendo ofertas e promoções e não tem o mesmo nível de desejo e demanda, o segredo está no marketing de desejo e experiência.

Vou proporcionar a capacidade da sua marca se destacar, criar conexões emocionais profundas e transformar simples transações em experiências memoráveis. Neste livro, exploraremos as estratégias e técnicas por trás do marketing de desejo, mergulhando fundo nas nuances de como as marcas podem despertar emoções, criar aspirações e nutrir lealdade duradoura.

Nos próximos capítulos, vamos desvendar os segredos por trás de conceitos fundamentais, que reuni, como narrativa emocional, estilo de vida aspiracional, exclusividade, estímulo sensorial, engajamento comunitário e muito mais. Aprenderemos como cada um desses elementos pode ser habilmente empregado para criar uma jornada de marca exclusiva e autêntica, capaz de capturar a imaginação dos seus clientes e conquistar um lugar especial em seus corações e mentes.

Prepare-se para mergulhar em estudos de caso, explorar insights e participar de exercícios práticos que o ajudarão a aplicar esses princípios no contexto do seu próprio negócio. Este livro não é apenas uma fonte de conhecimento, mas um guia prático para aqueles que desejam elevar sua estratégia de marketing a novos patamares e conquistar o amor e a devoção de seus clientes.

Seja bem-vindo ao mundo onde os sonhos se tornam realidade e as marcas se tornam verdadeiramente inesquecíveis.

CAPÍTULO 1: NARRATIVA EMOCIONAL

Capítulo 1: Narrativa Emocional

A narrativa emocional é uma poderosa ferramenta no arsenal do marketing, permitindo que você conte histórias que vão além das características técnicas do seu produto ou serviço. Em vez disso, concentramos em evocar sentimentos e emoções nos seus clientes, criando uma conexão genuína e duradoura. Lembro-me de criar grande admiração por algumas grandes marcas ao saber mais sobre suas histórias. Ao invés de simplesmente vender, a narrativa emocional vai buscar envolver seus clientes em uma jornada emocional, onde eles se tornam parte integrante da história da sua marca. Isso foi uma das coisas que mais me fizeram gostar tanto de propagandas, a capacidade de criar histórias que nos faz sentir dentro daquilo. Convido você a assistir no YouTube, essa propaganda da oBoticário:

Perceba que tem uma narrativa que vai muito mais que uma simples propaganda.

Conexão Emocional

A conexão emocional é a espinha dorsal de qualquer estratégia de marketing eficaz. Ao tocar as emoções dos seus clientes, você vai poder criar uma relação mais profunda e duradoura com seu público.

A Ciência por Trás da Emoção no Marketing

Neurociência e Emoção: O cérebro humano é programado para responder a estímulos emocionais. Compreender como o cérebro processa emoções pode ajudar as marcas a criar mensagens mais impactantes.

Exemplo Prático:

Campanha Dove "Real Beauty": Esta campanha utilizou a neurociência para criar anúncios que ressoam com as emoções das mulheres, promovendo uma imagem mais realista e positiva da beleza feminina.

Exercício Prático:

Identifique as Emoções-Chave: Pense nas emoções que seu produto ou serviço evoca. Por exemplo, se eu tivesse uma marca de refrigerante, usaria emoções como a felicidade e união. Crie uma lista das emoções que você deseja que seu público sinta ao interagir com sua marca e use essa lista como guia para suas campanhas. Trazendo o exemplo do refrigerante, usando as duas emoções que listei, criaria campanhas de pessoas unidas e felizes.

Elementos da Narrativa

Uma narrativa eficaz é construída com elementos que capturam a atenção e criam uma conexão com o público.

Estrutura de uma Narrativa Eficaz:

Personagens Cativantes: Criar personagens que o público possa se identificar e se conectar. Isso não quer dizer uma personalidade falsa. Por exemplo, eu gosto de inspirar imaginação e criação dessa imaginação, então, mostro o lado da minha personalidade mais criativa e sempre estou contando as minhas histórias de quando imaginei algo e criei, como a NeoRise Marketing. Perceba que não minto, não crio uma personalidade falsa, mas mostro o lado da minha personalidade com as emoções que quero invocar e que possa se conectar com meu público-alvo.

Conflito e Resolução: Introduzir um conflito que ressoe com as preocupações e aspirações do público e oferecer uma solução ou resolução. Por exemplo, se você é um empresário que não entende de finanças e eu tenho uma empresa que ajuda empresários nas finanças, vou listar todas as suas preocupações e mostrar como vou melhorar isso para você.

Estudo de Caso: Nike "Just Do It"
Personagens: Atletas reais e histórias de superação.
Conflito: Desafios e obstáculos enfrentados pelos atletas.
Resolução: Determinação e sucesso alcançado através do esforço e da superação.

Exercício Prático:
Crie Sua Própria Narrativa: Desenvolva uma narrativa para sua marca, identificando personagens, conflitos e resoluções que ressoem com seu público-alvo. Escreva um esboço ou roteiro para sua campanha narrativa. Isso vai ser muito eficaz se você contar sua história.

Dicas para Criar Narrativas Eficazes
Para criar narrativas que realmente ressoem, é essencial evitar armadilhas comuns e focar na autenticidade e na relevância.
Erros Comuns a Evitar
Ser Genérico: Evite mensagens e histórias que não se destacam ou diferenciam sua marca.

Falta de Autenticidade: Evite tentar ser algo que sua marca não é. Autenticidade é fundamental para construir confiança com seu público.

Ferramentas e Recursos para Storytelling
Storytelling é a forma que você conta histórias.

Storytelling Visual: Utilize imagens, vídeos e design gráfico para complementar e reforçar sua narrativa. Por exemplo, se eu quero demonstrar sentimentos de felicidade, vou usar pessoas felizes em fotos.

Plataformas Digitais: Use plataformas como redes sociais, blogs e vídeos para contar sua história e engajar seu público.

Insight:
O Poder da História Pessoal: Histórias pessoais e autênticas têm o poder de criar uma conexão emocional mais forte com o público. Pense em como você pode incorporar elementos pessoais em sua narrativa de marca.

Quais sensações você quer invocar no seu cliente?

Qual narrativa mostra a solução do seu produto para seu cliente de forma emocional?

CAPÍTULO 2: ESTILO DE VIDA

Capítulo 2: Estilo de Vida

O estilo de vida aspiracional é uma poderosa ferramenta de marketing que permite a você posicionar seus produtos ou serviços como parte integrante dos sonhos e aspirações de seus clientes. Precisamos se sentir pertencente em algo maior.

Identificando Seu Público-Alvo
Pesquisa de Mercado: Realize pesquisas para entender as necessidades, desejos e aspirações de seu público-alvo.

Exemplo Prático:
Marca de Produtos Fitness: Ao identificar que seu público-alvo é composto por pessoas interessadas em saúde e bem-estar, você pode criar campanhas que destacam como seus produtos podem ajudar a alcançar metas de condicionamento físico.

Exercício Prático:
Persona do Cliente: Desenvolva personas detalhadas de cliente para entender melhor quem são seus clientes ideais, seus interesses, estilos de vida e como seu produto se encaixa em suas vidas. Por exemplo: seu cliente é um jovem que pratica esportes.

Visualização Aspiracional
A visualização aspiracional envolve mostrar como seu produto ou serviço pode melhorar a vida dos clientes, criando um desejo de fazer parte desse estilo de vida.

Criando Imagens Aspiracionais
Fotografia e Vídeo de Alta Qualidade: Invista em conteúdo visual que capture o estilo de vida que você está promovendo. Veja como a Red Bull fez no comercial.

Estudo de Caso: Rolex

Imagens de Sucesso e Luxo: Rolex cria imagens de relógios em ambientes luxuosos e situações de sucesso, conectando seus produtos a um estilo de vida de alta classe.

Exercício Prático:

Mood Board: Crie um mood board com imagens, cores e estilos que representem o estilo de vida aspiracional que sua marca promove. Isso pode servir como inspiração para futuras campanhas e conteúdo.

Construindo Pontes Entre o Produto e o Estilo de Vida

Para que os clientes vejam valor em seu produto ou serviço, é crucial mostrar como ele se integra perfeitamente em seu estilo de vida aspiracional.

Exemplos de Integração de Produto e Estilo de Vida

Moda Sustentável: Mostre como roupas sustentáveis podem fazer parte de um estilo de vida consciente e eco-friendly.

Tecnologia e Inovação: Demonstre como seus produtos tecnológicos podem facilitar e enriquecer a vida diária dos clientes.

Insight:

Autenticidade é a Chave: Certifique-se de que a integração entre seu produto e o estilo de vida aspiracional seja genuína e autêntica. Os clientes podem detectar falsidades, o que pode prejudicar a confiança na sua marca.

Exemplo Prático:

Patagonia: A marca Patagonia não apenas vende roupas ao ar livre, mas também promove um estilo de vida de aventura e conexão com a natureza, através de suas campanhas e iniciativas sustentáveis.

Qual estilo de vida seu público-alvo vive ou aspira viver?

Quais imagens representaria isso?

CAPÍTULO 3: ESTRATÉGIAS DE EXCLUSIVIDADE

Capítulo 3: Estratégias de exclusividade

A exclusividade é uma estratégia poderosa que pode aumentar o valor percebido de seu produto ou serviço, incentivando a demanda e criando um senso de urgência, se eu pedir pra você penar em quem faz isso tão bem, você pode chegar na apple e nos seus iPhones.

Tipos de Exclusividade
Edições Limitadas: Ofereça produtos em edições limitadas para criar um senso de urgência e exclusividade.

Acesso Antecipado: Dê aos clientes a oportunidade de acessar novos produtos ou serviços antes do público em geral.

Exemplo Prático:
Sneakers de Edição Limitada: Marcas como Nike e Adidas frequentemente lançam sneakers em edições limitadas, criando uma demanda alta e um senso de exclusividade entre os sneakerheads.

Exercício Prático:
Lançamento de Produto Exclusivo: Pense em um produto ou serviço que você pode oferecer em uma edição limitada ou com acesso antecipado. Planeje uma campanha de marketing em torno deste lançamento exclusivo.

Psicologia da Exclusividade
Entender a psicologia por trás da exclusividade vai fazer você implementar estratégias mais eficazes nas suas campanhas.

O Efeito da Escassez

Lei da Oferta e Demanda: A escassez de um produto ou serviço pode aumentar significativamente a demanda.

Estudo de Caso: Supreme
Marketing de Escassez: A marca de streetwear Supreme utiliza estratégias de lançamento limitado para criar uma enorme demanda e lealdade à marca.

Insight:
Valor Percebido: A exclusividade pode elevar o valor percebido de um produto, fazendo com que os consumidores estejam dispostos a pagar mais por ele.

Criando Ofertas Exclusivas e Personalizadas
Oferecer ofertas exclusivas e personalizadas pode criar uma conexão mais profunda com os clientes e incentivá-los a se engajar mais com sua marca.

Ofertas Personalizadas
Programas de Fidelidade: Crie programas de fidelidade que recompensem os clientes com ofertas exclusivas e personalizadas.

Exemplo Prático:
Starbucks Rewards: O programa de fidelidade da Starbucks oferece recompensas personalizadas com base nas preferências e comportamentos de compra dos clientes.

Exercício Prático:
Desenvolvimento de Programa de Fidelidade: Crie um programa de fidelidade para sua marca que ofereça recompensas exclusivas e personalizadas. Pense em maneiras de personalizar a experiência do cliente com base em seus hábitos e preferências.

CAPÍTULO 4: INFLUENCIADORES E ENDOSSOS

Capítulo 4: Influenciadores e Endossos

Os influenciadores têm o poder de amplificar sua mensagem e alcançar um público mais amplo, gerando credibilidade e confiança.

Identificando o Influenciador Certo

Alinhamento de Marca: Escolha influenciadores que se alinham com os valores e a imagem de sua marca.

Engajamento e Autenticidade: Priorize influenciadores que têm um alto nível de engajamento com seu público e uma presença autêntica nas redes sociais.

Exemplo Prático:

Colaboração da Glossier com Influenciadores: A marca de cosméticos Glossier frequentemente colabora com influenciadores que se identificam com sua abordagem de beleza natural e autêntica.

Exercício Prático:

Identificação de Influenciadores: Liste possíveis influenciadores que você gostaria de colaborar e avalie como eles se alinham com sua marca, analisando seu conteúdo, público e engajamento.

Colaborações Eficazes

Uma colaboração eficaz com influenciadores pode levar a resultados impressionantes em termos de alcance, engajamento e conversão.

Planejamento e Execução de Campanhas

Estratégia de Conteúdo: Desenvolva uma estratégia de conteúdo sólida que destaque os pontos fortes do influenciador e integre perfeitamente sua marca.

Mensuração de Resultados: Estabeleça métricas claras para medir o sucesso da colaboração e ajuste sua estratégia conforme necessário.

Estudo de Caso: Nike e Colin Kaepernick

Campanha Polêmica e Impactante: A Nike colaborou com o jogador de futebol americano Colin Kaepernick em uma campanha que gerou conversas e debates significativos, demonstrando o poder de uma colaboração impactante.

Insight:

Autenticidade é Fundamental: Colaborações autênticas e significativas com influenciadores podem criar conexões emocionais mais profundas com o público e construir lealdade à marca.

Maximizando o Impacto dos Endossos

Além de influenciadores, os endossos de celebridades e especialistas também podem ser uma maneira eficaz de aumentar a credibilidade e a visibilidade da sua marca.

Seleção Estratégica de Endossos

Relevância e Credibilidade: Escolha celebridades ou especialistas que tenham uma conexão genuína com sua marca e sejam respeitados em seu campo.

Exemplo Prático:

Endosso da Oprah para Weight Watchers: A Weight Watchers ganhou visibilidade e credibilidade quando Oprah Winfrey se tornou uma endossante e investidora da marca, compartilhando sua jornada pessoal de saúde e bem-estar.

Exercício Prático:

Desenvolvimento de Estratégia de Endosso: Identifique potenciais celebridades ou especialistas que possam endossar sua marca. Crie uma estratégia para abordá-los e desenvolver campanhas impactantes em conjunto.

Quais influenciadores ou endossos poderiam fazer parte da sua marca?

CAPÍTULO 5: ESTÍMULOS SENSORIAIS

Capítulo 5: Estímulo Sensorial

No marketing, estímulo sensorial se refere ao uso estratégico de elementos que ativam os sentidos humanos para criar experiências mais impactantes e memoráveis para os consumidores. Isso envolve a incorporação consciente de estímulos visuais, auditivos, táteis, gustativos e olfativos em campanhas de marketing, produtos, embalagens e experiências de marca.

A ideia por trás do estímulo sensorial é que os seres humanos são seres multisensoriais, e nossas experiências são influenciadas por estímulos sensoriais em nosso ambiente. Portanto, ao criar experiências de marca que ativam múltiplos sentidos, você pode causar um impacto mais profundo e duradouro nas percepções e memórias seus clientes.

Por exemplo:

Visão: O design de embalagens atraentes e a criação de campanhas visuais impactantes podem capturar a atenção dos consumidores e transmitir a mensagem da marca de forma eficaz.

Audição: O uso de músicas, sons ou jingles memoráveis em comerciais ou em pontos de venda pode criar uma atmosfera única e reforçar a identidade da marca.

Tato: A textura de um produto ou embalagem pode influenciar a percepção de qualidade e luxo, criando uma experiência tátil agradável para o consumidor.

Paladar e Olfato: Em setores como alimentos, bebidas ou cosméticos, aromas e sabores distintos podem despertar emoções positivas e associar a marca a sensações agradáveis.

Ao integrar estímulos sensoriais de forma coerente e autêntica em suas estratégias de marketing, você pode criar experiências mais envolventes e cativantes, que ressoam com os consumidores em um nível mais profundo.

Design e Embalagem

O design e a embalagem são componentes essenciais que podem influenciar a percepção do cliente sobre a qualidade e o valor de um produto.

A Importância do Design de Embalagem

Primeiras Impressões: A embalagem é muitas vezes a primeira interação física que os clientes têm com um produto, influenciando suas decisões de compra.

Exemplo Prático:

Apple: A Apple é conhecida por seu design de embalagem elegante e minimalista que reflete a estética e a qualidade de seus produtos.

Exercício Prático:

Revisão de Embalagem: Avalie a embalagem atual de seus produtos. Pense em maneiras de melhorar o design para torná-lo mais atraente e alinhado com a identidade da sua marca.

Experiências Sensoriais Únicas

Criar experiências sensoriais memoráveis pode ajudar a diferenciar sua marca e criar conexões emocionais mais profundas com os clientes.

Tecnologia e Experiência do Usuário

Realidade Aumentada e Virtual: Utilize tecnologias como realidade aumentada e virtual para criar experiências imersivas que destacam seus produtos de forma única.

Estudo de Caso: IKEA Place

Realidade Aumentada na Decoração de Interiores: A IKEA lançou o IKEA Place, uma aplicação de realidade aumentada que permite aos clientes visualizar móveis em seus espaços antes de comprar, melhorando a experiência de compra online.

Insight:

Integração de Canais: Ao criar experiências sensoriais, é essencial garantir que elas se integrem perfeitamente em todos os canais de interação com o cliente, online e offline.

Engajando os Sentidos

A ativação dos sentidos pode aumentar o envolvimento do cliente e criar lembranças duradouras de sua marca.

Marketing Sensorial

Som e Música: Utilize música e sons que reflitam a personalidade e os valores de sua marca para criar uma atmosfera única e envolvente em seus pontos de venda ou eventos.

Exemplo Prático:

Starbucks: A Starbucks é conhecida por sua atmosfera acolhedora, impulsionada pela música ambiente e pelo aroma do café fresco, que atraem os clientes e os convidam a ficar mais tempo.

Exercício Prático:

Ativação Sensorial: Planeje uma campanha ou evento que incorpore múltiplos sentidos para criar uma experiência imersiva para seus clientes. Pense em como você pode utilizar som, aroma, textura e sabor para envolver e surpreender seus clientes.

Como você pode implementar os estímulos sensoriais no seu negócio?

CAPÍTULO 6: ENGAJAMENTO E COMUNIDADE

Capítulo 6: Engajamento e Comunidade

As redes sociais e comunidades online oferecem plataformas valiosas para construir relacionamentos com os clientes e criar uma comunidade em torno de sua marca.

Construção de Comunidades Engajadas

Identidade de Marca: Mantenha uma presença consistente e autêntica nas redes sociais para construir uma identidade de marca sólida e reconhecível.

Exemplo Prático:

Sephora Beauty Insider Community: A Sephora criou uma comunidade online onde os entusiastas de beleza podem se conectar, compartilhar dicas e receber recomendações personalizadas, fortalecendo o engajamento e a lealdade à marca.

Exercício Prático:

Criação de Grupo ou Fórum: Considere criar um grupo ou fórum online onde seus clientes possam se conectar, compartilhar experiências e discutir tópicos relacionados à sua marca ou indústria, como o exemplo da Sephora Beauty Insider Community.

Eventos e Experiências Exclusivas

Eventos exclusivos podem oferecer uma oportunidade única para envolver os clientes, criar emoções positivas e fortalecer a conexão com sua marca.

Planejamento de Eventos Memoráveis

Exclusividade e Personalização: Ofereça experiências exclusivas e personalizadas que reflitam os valores e a identidade de sua marca.

Estudo de Caso: Airbnb Experiences

Experiências Locais e Autênticas: O Airbnb oferece experiências locais exclusivas que permitem aos viajantes explorar destinos de uma maneira única, criando memórias duradouras e fortalecendo a conexão com a marca.

Insight:

Participação dos Clientes: Encoraje a participação ativa dos clientes na criação e personalização de eventos ou experiências, tornando-os co-criadores e promotores de sua marca.

Construindo Relacionamentos Duradouros

A construção de relacionamentos duradouros com os clientes é fundamental para o sucesso a longo prazo de qualquer marca.

Fidelização e Retenção de Clientes

Programas de Fidelidade: Desenvolva programas de fidelidade que recompensem os clientes por seu engajamento e lealdade à marca.

Exemplo Prático:

Loyalty Programs: A Starbucks Rewards oferece recompensas personalizadas e experiências exclusivas para seus membros, incentivando a fidelidade e o engajamento contínuo.

Exercício Prático:

Avaliação e Melhoria Contínua: Avalie regularmente a eficácia de seus programas de fidelidade e estratégias de engajamento, e faça ajustes conforme necessário para atender às necessidades e expectativas em constante mudança de seus clientes.

CAPÍTULO 7: ANTECIPAÇÃO E ESCASSEZ

Capítulo 7: Antecipação e Escassez

Essa será uma das estratégias que você deve adotar de imediato. Tanto a antecipação quanto a escassez são importantes ferramentas de marketing que podem ser utilizadas para influenciar o comportamento do consumidor e impulsionar as vendas. Aqui estão algumas razões pelas quais esses conceitos são importantes e como eles são utilizados:

Criação de demanda: A antecipação e a escassez podem gerar interesse e entusiasmo em torno de um produto ou serviço, levando os consumidores a desejá-lo antes mesmo de estar disponível. Isso pode criar uma demanda inicial forte e sustentada.

Geração de vendas: Ao criar um senso de urgência e incentivar a ação imediata, a escassez pode motivar os consumidores a comprar um produto mais rapidamente. Isso pode levar a um aumento nas vendas e na receita.

Percepção de valor: A escassez pode aumentar a percepção de valor de um produto, tornando-o mais desejável aos olhos dos consumidores. Quando um produto é percebido como raro ou exclusivo, os consumidores podem estar dispostos a pagar mais por ele.

Engajamento do público: A antecipação pode criar engajamento e interação com o público-alvo antes do lançamento de um produto. Isso pode incluir teasers, prévias e outros conteúdos que geram interesse e mantêm os consumidores envolvidos com a marca.

Criação de lealdade: Quando os consumidores têm uma experiência positiva ao comprar um produto escasso ou altamente antecipado, eles podem se tornar mais leais à marca e mais propensos a comprar dela no futuro.

Antecipação e escassez são conceitos frequentemente utilizados em economia e marketing:

Antecipação: Refere-se à expectativa ou preparação para um evento futuro, seja ele positivo ou negativo. Em termos de marketing, a antecipação pode ser utilizada para gerar interesse e entusiasmo em torno de um produto ou serviço antes de seu lançamento oficial. Estratégias como teasers, pré-vendas e prévias são comuns para criar antecipação entre os consumidores, estimulando a demanda antes mesmo do produto estar disponível.

Escassez: Refere-se à falta ou limitação de recursos disponíveis em relação à demanda. Em um contexto de marketing, a escassez é frequentemente utilizada para criar um senso de urgência e incentivar a ação imediata dos consumidores. Ao destacar a disponibilidade limitada de um produto ou a oferta por tempo limitado, as empresas podem estimular a compra rápida e aumentar a percepção de valor do produto. A escassez também pode ser criada artificialmente, controlando a oferta de um produto para manter sua exclusividade e desejabilidade.

Promoções Temporárias

A criação de promoções temporárias pode gerar urgência e excitação em torno de seus produtos ou serviços, incentivando os clientes a agir rapidamente. Todos nós, pelo menos uma vez, já comprou por impulso.

Planejamento de Promoções Estratégicas

Lançamento de Novos Produtos: Utilize promoções temporárias para lançar novos produtos e criar antecipação entre os clientes.

Exemplo Prático:

Apple Eventos de Lançamento: A Apple gera antecipação e excitação em torno de seus novos produtos através de eventos de lançamento cuidadosamente planejados e promoções temporárias.

Exercício Prático:

Criação de Campanhas de Antecipação: Desenvolva uma campanha de marketing que utilize teasers e promoções temporárias para criar antecipação em torno de um próximo lançamento de produto ou evento.

Lançamentos Exclusivos e Pré-vendas

Oferecer lançamentos exclusivos e pré-vendas pode criar um senso de exclusividade e incentivar os clientes a se envolverem ativamente com sua marca.

Estratégias de Lançamento Exclusivo

Acesso Antecipado: Ofereça aos clientes a oportunidade de adquirir produtos antes do lançamento oficial, criando um sentimento de privilégio e exclusividade.

Estudo de Caso: Sneaker Drops

Lançamentos de Edição Limitada: Marcas de sneakers como Nike e Adidas frequentemente lançam novos modelos em edições limitadas, criando uma demanda alta e um senso de exclusividade entre os consumidores.

Insight:

Comunicação Clara e Transparente: Ao oferecer pré-vendas e lançamentos exclusivos, é essencial comunicar claramente as condições, prazos e benefícios para evitar confusão e frustração entre os clientes.

Exemplo Prático:

Informações Detalhadas: Forneça informações detalhadas sobre o lançamento, incluindo data, hora e locais de disponibilidade, para que os clientes saibam exatamente como e onde adquirir os produtos exclusivos ou em pré-venda.

Receba conteúdos sobre marketing de desejo e digital marketing

Se você quer receber mais conteúdos sobre marketing de desejo e digital marketing ou ficar por dentro de novidades, nos siga no Instagram em @nathanshomer e @neorisemarketing. Estaremos repostando todos que nos marcar. Caso queira nos contar como foi a experiência de ler essa obra, ficaremos felizes em ouvir.

Links usados nos QR Codes dos vídeos no livro

Capítulo 1:
Esse comercial da oBoticário que emocionou a todos.
Canal: COMERCIAIS DA HORA
https://www.youtube.com/watch?v=R3jzk3hGdbQ&t

Propaganda Merthiolate – Beijinho.
Canal: Juliana Magdanelo
https://www.youtube.com/watch?v=LidAjo-Zc-U

Capítulo 2:
Red Bull.
Canal: Red Bull

Agradecimentos

Agradeço a você, leitor, por confiar em nosso trabalho e investir seu tempo.

Anotações

Anotações

Anotações

Anotações

Anotações

Anotações

Anotações

Anotações

Anotações

Anotações

Anotações

Anotações

Anotações

Anotações

Anotações

Anotações

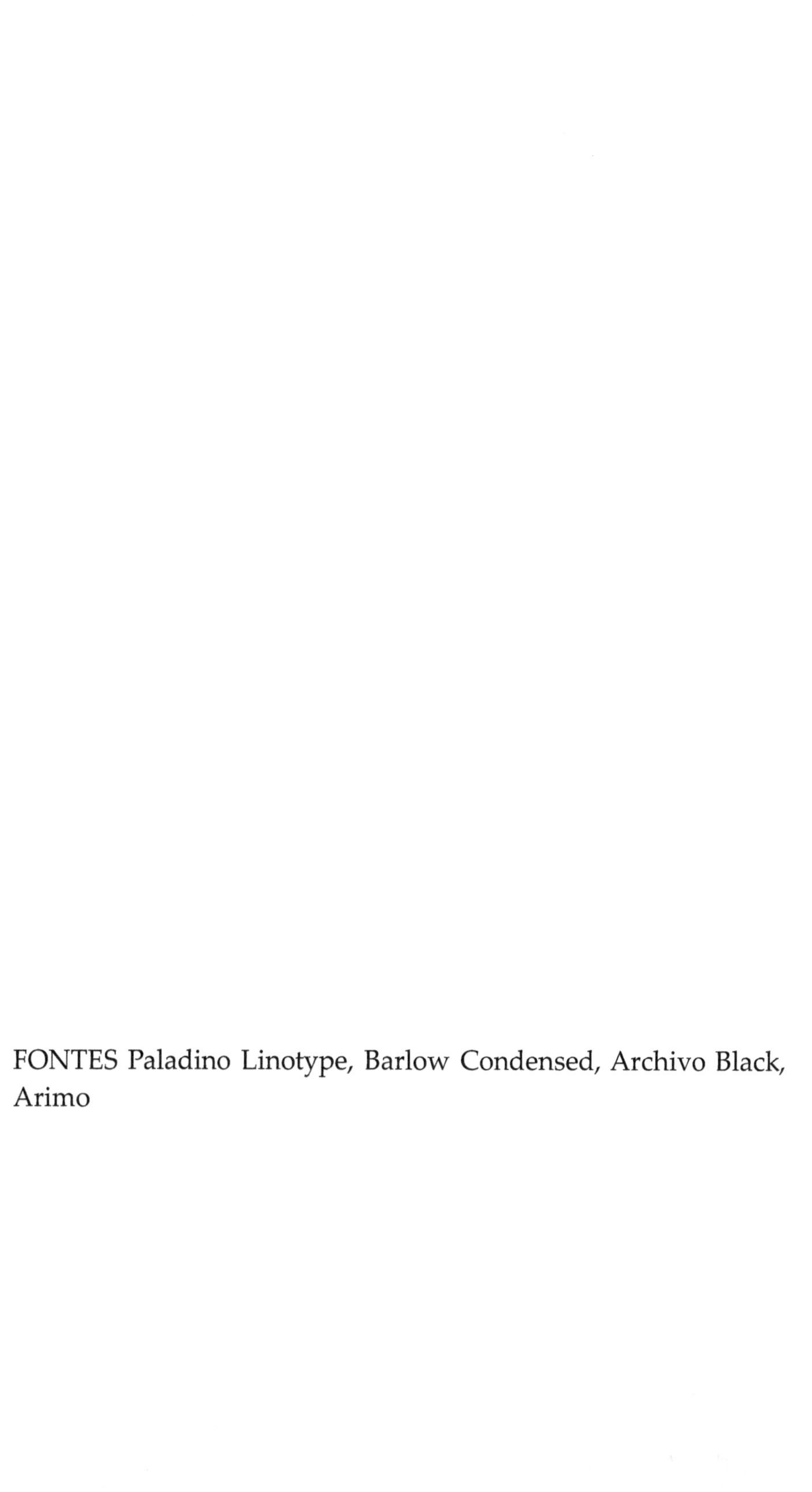

FONTES Paladino Linotype, Barlow Condensed, Archivo Black, Arimo